청자주병

청자주병

호경숙 첫 시집

머리말

썼다
지웠다를 반복하며

지난날을 돌아보니
나의 행복과 감사는
하나님이 주신
모든 인연에 있었다

새롭게 만난 시 공부
박종규 교수님과 동기들
오랜 기다림 속에 다시 만난 시
반갑고 감사하다

내 삶에
또 새롭게 주신
행운에 감사드리며

2025년 설날에
시인 호 경 숙

차 례

머리글/ 4

제1부 나의 노래/ 11

홍시/ 13
나의 노래/ 14
가는 손가락에 건 외로움/ 16
부부/ 18
손자 태희/ 20
자화상/ 21
이든이, 세아/ 22
미안해/ 24
명품인생/ 26
일상/ 28
벚꽃놀이/ 29
동창생/ 30
달빛/ 32
하얀 하늘/ 33
어느 토요일/ 34
친절한 내비게이션/ 36

제2부 동백 이야기/ 39

아침 산책/ 41
동백 이야기/ 42
청자주병/ 44
매미(1)/ 46
첫눈/ 48
하늘/ 50
크리스마스트리/ 51
세월/ 52
월요일/ 53
시 공부 시작하는 날/ 54
여름 상념/ 55
사랑/ 56
무지개/ 57
매미(2)/ 58
지하철/ 59
뻥튀기/ 60
시인대학 61

제3부 겨울 바다에 가다/ 63

종착역/ 65
낙엽/ 66
겨울 바다에 가다/ 68
아버지/ 69
오랜만에/ 70
엄마 사진/ 71
내 친구/ 72
사과/ 74
멸치/ 76
묘비명/ 78
농부/ 79
느낌표/ 80
똥/ 81
개웅산/ 82
떨켜/ 84
친구/ 86
갈대/ 88

제4부 시 짓는 마음/ 89

노년의 초상/ 91
시 짓는 마음/ 92
백설(白雪)/ 94
셋방살이/ 96
퇴계 선생/ 98
난꽃/ 100
귤껍질/ 102
매미 껍데기/ 104
새벽 풍경/ 105
소원 분교/ 106
희망/ 108
1호선 전철/ 110
은행나무/ 112
눈/ 113
김장/ 114
가족사진/ 116

맺음말/ 118

제1부 나의 노래

홍시
나의 노래
가는 손가락에 건 외로움
부부
손자 태희
자화상
이든이, 세아
미안해
명품 인생
일상
벚꽃 놀이
동창생
달빛
하얀 하늘
어느 토요일
친절한 내비게이션

홍시

얇게 비친
붉은 망사옷 살짝 걸치고
투명한 속살
은근히 내비친다

깨끗하고 맑은 속살
만지면 터질까
사랑의 밀어 은밀한 입맞춤

달콤한 목 넘김에
숨이 멎는다

나의 노래

새 생명 품을 때부터
푸른 씨앗 심어 올려
공들여 가꾸며

산처럼 꼿꼿이 허리 펴고
머리 높이 들고 살라
기도하셨다

깊은 주름 기어가고
휘어지는 손마디
땅으로 끌려가는 굽은 어깨

거울 속의 나는
더 이상 내가 아닌 슬픈 초상

물 말은 밥 드시며
울지 않는 전화기 옆에
들리지 않는 텔레비전을 보며

목 길게 빼고
하염없이 기다리시는
어머니

가는 손가락에 건 외로움

어렵고 힘든 세상
등에 지고 태어나

일찍 아버지 여의고
언 땅 발로 딛고 시린 삶을 사셨다

화사한 봄꽃 같은
삼십에 얻은 삼 남매

푸른 기상 어깨에 메고
스치는 바람에도 힘주어 걸었다

말씀이 없어 어려운 아버지
받지 못해 주지 못한 사랑

이제는
따스한 햇볕 한 줌 손에 담고
가는 손가락에 외로움 걸고
우리 곁을 왔다 갔다

눈 귀 꼭꼭 닫아걸고
알고도 모르는 척
외롭고 슬픈 아버지의 삶

부부

어느 시인은
'외로우니까 사람이다' 했다

하나님은
사람이 혼자 사는 것이 외로울까
돕는 배필을 지으셨다

그의 갈빗대를 뽑아
나를 만드셨다

살로 대신 채워
한 몸 이룬 그대

이제 그대는 나의 안식처
나는 그대의 안식처

뼈 중의 뼈
살 중의 살

그대 없이는 살 수 없는
함께하여 고마운 사이 되었네

손자 태희

쌍꺼풀진 새까만 눈
크고 두터운 귓불

힝!
내 말 들어주어 좋아요

힝!
계란말이 더 먹고 싶어요

힝!
학교까지 같이 가요

태희의
힝!
나만 알아듣는다

*힝: 손자 태희의 어리광스러운 말

자화상

엄마의 등에 업혀
사랑의 무임승차

남편 곁에 살짝 앉아
삶의 길 무임승차

이제는
손자 손녀 재롱에
행복의 무임승차

이든이, 세아

나는 요즘
말 배움
공부 중

내가 나눠 줄게
나눠주는 공부

그래, 알았어
한마디 말에
가슴이 명쾌

아니야! 그거 내 거야
그래? 그럼, 너 가져

아니,
난 그렇게 생각하지 않아
네가 다시 생각해
자신의 생각 숨김없이

사랑해 많이
난 할머니가 좋아

서슴없는 애정 표현
후한 뽀뽀

미안해

착한 네 성품
알고도 모른 척했어

따뜻한 눈 맞춤
보고도 못 본척했지

말수 적은 입술 떠듬떠듬 열릴 때
작다고 소리치며

빨간 매니큐어 긴 손톱
상한 가슴 할퀼 때

뜨거운 목울음
가슴속 슬픔이었지

팔 길게 잡은 따뜻한 손길
뿌리치고 내달린 찬바람

뿌연 겨울 유리창 너머
그림자 새로 걸었다

명품 인생

엄마의 입학 선물
명품 귀걸이

결혼하며
얻어 입은 명품 옷

며느리 결혼 선물
명품 가방

출근하며 날마다 바른
명품 화장품

아무리
입고 바르고 멘다고
내 인생 명품 될까

사랑, 겸손과 배려
명품 가슴 품고 다니면

진정한 명품 되지 않을까

일상

밥 짓고 설거지하고
오늘도 하루를 살았다

빨갛게 달아오른 노을 한번 쳐다보고
눈썹달 하얗게 가슴에 차면

검은 밤은 멀지 않은데
여기저기 빛바랜 등불

닫힌 창문 사이
어두워도 밝은 삶을 살고 싶은
소망 드리운다

벚꽃놀이

화려한 봄날
고대광실에 꽃 풍년까지

많은 눈 호사하며
만지고 쓰다듬던
화사한 꽃 왕관

망울진 손가락 마디마다
고운 님 그리며
깊은 꿈 여물고

다시 올 고운 봄
숨죽여 기다린다

동창생

할머니 바지 적삼 분장하고
하얀 분에 주름살 그려 넣고
초가집 지으며
합죽이 웃음 함께 웃던

무심한 얼굴
짙은 상념 달고
슬며시 웃는
보조개 우물 깊은 너

꽃 잔치 흥겨운
노란 산수유 마을
밤톨 같은 아이들 뛰노는
강천마을 선생님

세월 탓 안 하고
맑고 밝은 언어로
금실 은실 수놓는
나의 귀한 오랜 친구
보고 싶구나

달빛

하늘이 산길을 쓸자
강물처럼 길이 난다

마른 나무 아래
노란 나뭇잎

바닥에 드러누워
눈 가득 졸음 담고

하늘 묻혀 올려다보며
길을 찾더니

내 안에 숨어들어
잠든 아침을 깨운다

하얀 하늘

어릴 적 하늘은
늘 파랗기만 했는데
이젠 하늘이 하얗다

누가 하늘에 정원을 가꾸었나
하얀 꽃 이파리 하늘하늘
여기저기 하얀 나비

하늘 아래 산길을 걸으며
꽃, 나비와 숨바꼭질

쭉쭉 뻗은 향나무 사이 햇살 비치고
들킨 마음 부끄러워
눈이 부시다

어느 토요일

폴폴폴
바람이 이는 소리 뒤로
환자처럼 소파에 길게 누운 날

빈 울림만 머리에 가득하고
리모컨은 손가락 사이에서 춤을 춘다

게으름이 뱀처럼
내 몸을 칭칭 동여매고
생각의 끝자락을 꼭 잡고 놓아주질 않는다

어둠이 조금씩
창문 타고 밀려올 때
검푸른 상실의 그림자 숨죽이고

낮달보다 더 외로운
하얀 샛별이 마중 나와
나를 위로한다

친절한 내비게이션

용기 내어 찾아간 길
나갈 길 놓치고

쉼표 없이 이어지는 고속도로
등 굽은 골목길

어디로 가야 할지
가쁜 숨 내쉬는 장거리 여행길

웅크린 찬바람 속
두 눈 부릅뜨고

600미터 앞 못 찾아
종일 헤매 허기진 날

퀭한 눈으로 바라보며
내비게이션은 말한다

참 용하네

제2부 동백 이야기

아침 산책
동백 이야기
청자주병
매미(1)
첫눈
하늘
크리스마스트리
세월
월요일
시 공부 시작하는 날
여름 상념
사랑
무지개
매미(2)
지하철
뻥튀기
시인대학

아침 산책

하얀 눈
머리에 이고
붉은 눈웃음 지으며
*천왕산 산허리 말을 건다

머리는 하늘 고이고
거친 땅 딛고 서서
숨어 품은 봄 기다리며

숨죽이며 웅크린 시간
참고 기다린
겨울눈처럼 살라 한다

*천왕산: 서울 구로구 항동에 있는 산임.

동백 이야기

긴 여름 내내
초록 잎사귀 달고
한 귀퉁이 소리 없는 너

가을 지나며
동그란 꽃망울 맺었네

작고 파란 봉오리
이파리 싹을 품었나

건성으로 바라보며
어쩌다 물 뿌려주고

아직도 꽃잎은 입 꼭 다물고
기다림도 지쳐갈 때

얇은 껍질 벗고서
빨간 꽃잎 슬며시 내밀더니

사흘 만에 활짝 핀 붉은 자태
꽃피었다고 애지중지

아직은 한 송이 꽃이지만
아기 예수 오시는 날
수많은 꽃등 달고 환하게 웃겠지

청자주병

가늘고 긴 목
통통한 아랫도리
허리선 곱게 빚어
연꽃무늬 새겨 넣은
아담하고 날씬한 주병

프랑스 남부 어느 마을
얼굴 모르는
서양인의 눈에 든
청자주병

날마다 그리다가
똑같은
연꽃무늬 새겨넣고
하얀 상감으로 마감한

잘록한 허리에
둥그스름 오동통한 아랫배
정성껏 새로 빚어
투각까지 더 멋진
청자주병

아무리 보아도
먼저 것만 못하니
첫사랑 연정이
이리도 질기던가

매미(1)

깊은
어둠의 시간 보내고
길고 차디찬
기다림의 끝

우주가 잠든 맑은 날 밤
하얀 달 보며
사랑할 준비
황홀하여라

갓 지은
날개옷 비벼대며
짝 찾아 춤춘다

애절한 사랑 노래
맴
맴
맴

뜨거운 여름
진한 축제 끝내고
젖은 드레스 벗어놓고
돌아눕는다

기다림과 어두움의 끝
축제는
아픔이었다

첫눈

하늘에서
밝고 환한 꽃잎 떨어진다

하늘하늘
가벼운 몸놀림

춤바람 난 여인처럼
뱅글뱅글 돌고 또 돌며

교태 섞인 웃음
누구를 홀리려고
온몸 다해 흔드나

지난 계절 못다 한 사랑
담아 둔 그리움

어깨 털며 지나가는
무심한 시절을 향한 독백

하늘

뜨거운 사랑의 실연
파랗게 멍든 시린 가슴

달빛 머금은 까만 시름에
별은 더욱 밝아라

그리움 너머 비구름
눈물방울 찬 바람 적시고

늘 시리던 파란 속살
하얀 춤 출 때

찬란한 무지개
따뜻한 사랑의 언약

크리스마스트리

노란 별 크게 달고
붉은 방울 달랑달랑

밤새 눈을 떴다 감았다
반짝이는 하얀 전구

푸른 소나무 아래
빙빙 돌며 춤추는 회전목마

캄캄한 밤
밖에서 헤매는 마음
등대 되어 지켜주소서

빨간 방울 가득 달고
아기 예수 썰매 타고 오실까

성탄절의 설렘!

세월

찬 바람 어수선한 아침
흰 꽃 핀 머리 위로
알싸한 겨울 냄새 흐르고

어느 해 겨울
큰맘 먹고 장만한
털 복슬한 가죽 부츠에
발에 건다

떨어진 단추 장식
삐져나온 실올
해 지난 달력 같은
구겨진 뒤축

지난 옛이야기
살며시 벗어 둔다

월요일

금 나와라 뚝딱
하늘의 선심으로

하얀 눈 펑펑 쏟아지길
간절히 바라는데
싸락눈만 사락사락

멀리 뵈는 산 허리춤
낮은 구름 머물고

길게 누운 길 위
고운 눈발 희게 덮인

아쉽고 설렌
미술관 휴관일

시 공부 시작하는 날

서두르는 지하철
닫힌 문 앞에
긴 머리 아가씨

송곳 같은 빈자리
뚫고 들어가는데
줄 앞에 가만 홀로 서 있네

불어난 사람들
새로 들어오는 다음 전철
그녀 뒤로 생긴 긴 줄

오랜만에
지하철 탄 그날
시 공부 시작하는 날

여름 상념

한 줄기 바람 싣고
새로운 마음으로 해가 뜬다

지난밤 진한 장맛비
뜨거운 물소리
숨죽이며 잦아들 때

낙수 같은 사랑
항아리 가득 채우고
소리 없이 흐르면

조금씩 흔들리며 피는
그런 꽃이 될까

나는 빗방울 되어
너의 아름다움에 젖고 싶었다

사랑

향기와 빛깔 없어
냄새 맡거나
볼 수 없지만

울고 웃는 표정에
꽃 피우고
새 소리 듣듯
돌보시는 주님

들꽃 피듯
갈대 흔들리듯
보잘것없는
날 품으시는 주님

무지개

사람들은
무지개가 뜨면
좋은 일이 생길 징조라며
사진을 찍는다

무지개 뜨면
나는
꽃게를 산다

된장 살살 풀어
삶아준
하얀 속살 가득한
빨간 꽃게

무지개 뜨면
나는
어깨 좁은 엄마가 그립다

매미(2)

잘 짜진 비단처럼
얇고 투명한 날개

저 얇은 날개를 비벼서
그렇게 큰 사랑 노랠 부르나

날개 비벼대며 울었어도
생채기 없이 저리 고울까

지하철

아침부터 자정까지
얼마나 무거울까
많은 사람 실어 나르려니

하루 종일 쉼 없이 왔다갔다
얼마나 바쁠까
점심시간도 없네

항아리 덮개 같은 모자 쓴 아저씨
녹슨 깡통처럼 커다란 쉰 소리
귀가 따갑겠지

귀마개 하나 선물해야지

뻥튀기

친구들과 하하호호
집으로 가는 길

멀리서 들리는
큰 목소리
'뻥'이요

귀청 떨어질까
두 손으로 귀 막고
쏜살같이 도망가다

뻥!
뚜껑 열린 뻥튀기 통 아래
떨어진 뻥튀기 한가득

개미 떼처럼 모여든 아이들
입안 가득 '뻥'이다

시인대학

시인이
되고픈 데

인간이
먼저 되라 하신다

대기만성
용기 잃지 말고
조급해하지 말고

학창 시절 꿈꾸던 시 공부
늦은 그릇 크게 지어보리라

제3부 겨울 바다에 가다

종착역
낙엽
겨울 바다에 가다
아버지
오랜만에
엄마 사진
내 친구
사과
멸치
묘비명
농부
느낌표
똥
개옹산
떨켜
친구
갈대

종착역

내일 만나!
밝은 목소리로
헤어지며 인사 나눈 안젤라

천주교 신자들에게
특별한 날이라는
'위령의 날' 11월 2일 밤
심정지로 생의 종착역에서 내린
안젤라

구절초 흐드러진
양수리 두물머리

단풍길 달리는
인생의 한 페이지 여행길에서
안젤라는 부재중입니다.

낙엽

혼자 걷는 길
외로운 길
그 길 위에
갈채를 보내며 일어선다

어깨 무거운 날
바람 싣고 사뿐히 날아
가벼운 몸 날리며
함께 걷는 낙엽

가슴 시린 날
꾸부정하게 누워
까르르 웃음꽃 피우는
철없는 낙엽

먼 길 가는 날
저만치서 기다려지는
가만가만 떨어지는
가을 나뭇잎

겨울 바다에 가다

검은 구름, 하얀 포말
힘겨운 등짐 지고
쉼 없이 달려온다

촤르르
동무들과 어깨동무
큰 소리 지르며 내달릴 때

차디찬 바람
남은 살점 에어가며
머리 흔들고

헝클어진 머리칼
무겁게 이고 있는 해송
가쁜 숨을 쉬고 있다

아버지

늦장가에 첫딸 낳으시고
동네 마당 다 쓰셨다

사과 한 알
마늘 세 쪽
검정콩 다섯 알
매일 아침
챙겨 드시더니

97세 노인 되시고
할 수 없이
요양원에 계신다

건강하게
오래 사신다더니
늙음은 감옥 되어
'꼼짝 마라' 한다

오랜만에

항상 해맑은 김 선생님
어쩌다 마주치면
반갑게 인사했다

우쿨렐레 연주에 맞춰
'다섯 가지 예쁜 말' 노래하며
크게 웃던 4학년 7반 담임 선생님

글쓰기 주제로 '교장 선생님' 썼다며
30권 공책 가져다주어
답글 달아 보냈더니
사랑의 하트 서른 개나…

우연히 길에서 마주친 날
하트 꽃다발
내 손에 들려준 선생님
내 마음에 꽃비 내려주었다

엄마 사진

분홍빛 블라우스 곱게 입고
청바지 체크 남방 딸과
라일락 나무 아래
나란히 서서
환하게 웃으신다

갓 낳은 손자
정성껏 지은 포대기에 고이 싸서
두 팔 가득 감싸 안고
활짝 웃는 고운 얼굴

이마에 잔주름
얼굴엔 검버섯
쪼글쪼글 주름진 입술
오물오물 씹으며
눈 감은 채 웃고 있다.

내 친구

둥그스름 복스런 얼굴
순한 인상의 처진 두 눈
예방주사 맞고 며칠을 앓고도
거뜬히 일어나는
강철 체력 내 친구

서울공대 나왔다는
잘생긴 바람둥이 남편
일찌감치 헤어져
착하고 순한 아들과
꿋꿋이 소리 없이 살아간다

모여서 먹은 자리 서슴없이 치우고
웃고 떠들고 난 자리
깨끗이 닦아내며
사는데 뾰족한 수 없다는…

부모님의 지극 정성으로
손에 물 한 방울
안 묻히고 자란
무남독녀 외딸 내 친구

사과

애타게 그리워하다
붉어진 얼굴

깊은 향기
몰래 감추고

안 그런 척
빤질빤질
새침하게 앉아 있네

기어이 한 입 크게
베어 물면
실연의 눈물 뚝

홀로 품은
진한 연민
속살 드러내고 울고 있다

멸치

맑은 기름 두르고
달달 볶아

맛술 살살
달콤한 꿀 듬뿍

마지막
참기름 한 방울
똑

후후 불어
식혀서

제비 새끼
입 벌린
손자 손녀

입 속에
쏘옥

묘비명

빈손으로 왔던
이 세상

따뜻한 햇볕
시원한 빗줄기
향긋한 꽃내음
아름다운 새 소리

공짜로 얻어쓰고
다 갚지 못하고
그냥 간다

농부

늦더위 물러가고
소슬바람 열매 붉히는
가을 오면

들판의 곡식 누렇게 변하고
나무도 산도
울긋불긋 물든다

농부는 즐거운 마음으로
농작물 걷어 들이고
추수 끝난 들판 허전할 때

자기처럼 익은 늙은 호박
지게 지고
집으로 돌아온다.

느낌표

가을 산에 불이 붙었나
온 강산이 빨갛다

들판에 노랗게 물들였나
눈부시게 환한 가을 들녘

온 땅에 검은 어둠을 뿌렸나
서늘한 바람의 입김

가을이
시를 쓰고
느낌표를 찍었나

똥

똥은 우주
신문 펴들고
세상을 읽으며
온 세계 소식에 힘주어 똥을 눈다.

똥은 해탈
힘주며 어제 먹은
식탐을 비워 낸다

똥은 거울
나를 들여다보며
마음 눈썹 다듬는다

*개웅산

아침 눈을 뜨면
제일 먼저 달려가

조용히 손 내밀어
너의 손 잡아 본다

새치 물들이고
기분 좋은 얼굴로

맑은 물 세수하고
막 헹군 머리

달콤한 샴푸 향기
코끝을 간지럽히면

햇살 담은 언덕배기
노란 금계국

바람 따라 머리 흔들 때
손 흔들며 껴안는다

*개웅산: 서울 구로구 개봉동에 있는 산

떨켜

두 눈 부릅뜬 태양
뜨거운 입맞춤

시퍼렇게 부대끼는
바람 끝자락

눈부시게 슬픈
너의 미소

그 숨결로 물들인
보고픈 마음

한 눈 질끈 감고
그리움 보태
떠나보내니

가늘고 긴
검은 이별의 속삭임

아직도 남아있는
너의 온기

친구

헐레벌떡
차가 막혀 늦었다는
지각 대장 숙이

몸이 으슬으슬해
집안에 일이 생겨
가뭄에 콩 나듯이
어쩌다 오는 미애

허리가 삐긋해서
고관절이 아파서
안 오려다 왔다는
엄살쟁이 순이

숟가락 들 힘도 없다며
손 하나 까딱 않는
미운 얌체 은이

늦어도
힘없어도
흉보며 깔깔대는

우리 모두
언제나 친구

갈대

요즘 유행하는
은빛으로 머리 물들이고

목 스카프 멋 내고
두 손 높이 들고
허리가 휘게 웃는다

손뼉 치며 응원하고
목 돌리며 놀이하다
팔다리 쭉쭉 정리 체조

줄 맞춰 길게 서서
가늘고 긴 허리 마음껏 흔드는
오늘은 갈대들의 대운동회 날

제4부 시 짓는 마음

노년의 초상
시 짓는 마음
백설(白雪)
셋방살이
퇴계 선생
난꽃
귤껍질
매미 껍데기
새벽 풍경
소원 분교
희망
1호선 전철
은행나무
눈
김장
가족사진

노년의 초상

깊은 속은 감추고
주름진
껍질만 남겨놓았지

신명 난 듯
헛웃음
대가리 처박은 꿩의 꽁지

미련은 뱀처럼 똬리 틀고
나만 모르고 있다는 것을
아는지 모르는지

진한 겨울 노년의 초상

시 짓는 마음

지난밤 꽃신 신고
찾아온 너

화사한 꽃잎 날리듯
나무 아래 함박웃음

치맛자락 휘돌아 춤추며
하늘 한번 바라보고

꽃 마실 나온 바람
살며시 흔들더니

신명 난 어깨 들썩이며
눈웃음 날린다

백설(白雪)

봄, 여름, 가을
치열한 삶을 살아 낸
모두에게 주시는 선물

어린 보리 싹
이불 덮어주고
마른 기와지붕
하얀 털옷 입혔네

공원 한가운데
떨고 서 있는 동상
하얀 모자, 흰 털목도리

말없이 지켜낸 세월 향한
따스한 위로

셋방살이

크고 넓은 아량 밑에
셋방살이하는
설움

좋은 사람 노릇할 땐
소리 없이 숨었다가

생색내기 선심 쓸 때
눈치 보며 살며시
고개 쳐든다

주인인 양
큰 대문으로 드나들던
공연히 넉넉한 척

마음 한켠
슬며시 일어서는 자존감

퇴계 선생

착한 사람
많은 세상 그리던
퇴계 선생

아들 며느리 후학들에게
편지로 소통하시고
안부 묻고 학문 가르치며
사랑으로 돌보신다

벼슬자리 너무 높다며
49세 젊은 나이에
고향 내려와

제자들 편히 드나들라
싸리 대문 만드시고
진흙 속 맑은 꽃 피우는
연꽃 본받으라
정우당 연못 만드셨지

26세 차이 나는 후배에게
존댓말 쓰시며 학문 논하고

마음 맑게 하라
그 말씀 새긴다

난꽃

꽃망울 맺히던 날
입 앙다물고
파르르 꽃대 흔들더니

행여
누가 볼 새라
살며시 입술 열었다

나비 되어 열린 꽃잎
향긋한 내음
달콤한 음악 되어 흐르고

빨랫줄에 치마 널던 날
아름다운 합창 소리
귀에 간지럽다

귤껍질

검은 줄 한 줄
얼기설기 노란 점
얼굴 한가운데 긴 생채기

튼실한 살
보이기 아까워
울퉁불퉁 거친 옷 걸쳐 입었나

어렵게 드러난 살
물방울 터지며
아픈 소리 들린다

용쓰며 지켜낸
꿀처럼 달디단 노란 속살

매미 껍데기

나무 위
매달린
그 모양 그대로

껍데기
진한 산통의 흔적

새벽 풍경

노란 전등 달고
하품하는 편의점

하얀 아침을 열고
지하철 역사 앞을 스친다

마른 눈 비비며
일터로 향하는 무거운 발걸음

등딱지에 가방 하나씩
개미 떼 같은 아침 군상

젖은 눈 가늘게 뜨고
기다리는 네가 있어
희망 솟는다

*소원 분교

하얀 민들레
보랏빛 목련 팻말 목에 메고

늠름한 이순신 장군
빨강 파랑 그네
소리 없이 덩그러니

운동장 가득
지나간 그리움만 그대로

푸르고 빽빽한 소나무
파랗고 높은 하늘 여전한데

참된 마음으로
알찬 꿈을 키웠던
밤톨 같은 아이들은 간데없고

텅 빈 여덟 칸 교실
가는 목 길게 빼고
누구를 그렇게 기다리나

*소원 분교: 충남 태안군 소원면에 있던 분교로 폐교됨.

희망

구순이 다가온 노모
키오스크 소리 없는 구박이 서럽다고
주객이 전도되었다고
자존심이 상하여 살기 싫다고
하소연하시더니

며느리 준다고 주섬주섬
손녀딸이 좋아한다고 이것저것
가방 안에 짐이 가득

그래도
행복하게 살아가려고
세월에 입 다물고
세상에 비위 맞추며 사신다는

구순 노모는
아직도 꿈이 많다

1호선 전철

마음이 울적한 날
1호선 전철을 탄다

노량진에서 용산을 향해 달리며
건너는 한강 풍경

하늘은 구름 위에 올라타고
햇살은 몽글몽글

투명한 유리창 같은 파란 하늘
트인 바다 같이 시원한 가슴

혼자 가는 여행길
새털처럼 가벼운 마음

기분 좋은 바깥나들이
눅눅한 마음 환해진다

은행나무

너와 마주하던
달콤한 환희의 시간

살며시 떨친 이별의 슬픔
더부룩한 속처럼 부대낄 때

그림자 같은 사랑
펄 같은 한숨

길섶에 피어난 들풀처럼
소리 없는 눈 맞춤

기쁜 화해의 포옹
노란 희망의 열매 맺는다

눈

지난 가을
애썼다고

밍크 모자
밍크 목도리

하나님의
따뜻한 선물

김장

노란 속살 뽐내며
나란히 누워
빨간 손길 기다리는
절인 배추

한 잎 뜯어
서로 입에 넣어주고
붉은 속에 버무려
예쁜 치마 둘러서

차곡차곡 통에 담고
영차영차
힘 합쳐 나르고

보드랍게 수육 삶아
군침 돌게 김치 싸서
배부르게 입막음

동그랗게 둘러앉아
겨우살이 김장
협동과 나눔
사랑의 하모니

가족사진

사진관 한가운데
다섯 살, 일곱 살 아들, 딸
다소곳이 앉아 찍은 가족사진
까망 눈 곰돌이 가족

편히 앉아 이야기 나누며
마음이 웃어야 한다는
전문가의 가족사진

대학생 딸, 갓 취업한 아들과
활짝 웃는 모습
노란 장미 향기 폴폴

이스라엘 전쟁이 한창일 때
성지순례 간다며
아들, 며느리, 딸, 사위

비스듬히 마주 서서 밝게 웃으며
손자 안고 찍은 가족사진
따뜻한 햇님 함께 서있네

가족사진은 언제 보아도
좋았던 그때
추억에 보험 들었네

맺음말

아무리
손을 봐도 볼수록 흠이 난다

시간이 지나면서
욕심을 내려놓으니

뜨겁던
머리의 열이 내리고
딱 나만큼의 시가 보인다

시인이 되기 전에
사람이 되라 하신 말씀을
다시 새긴다

시를 쓰며
내 삶을 들여다보게 되었다

모든 인연에 감사한다

첫 시집을 내는 용기를 내며…

2025년 설 명절을 지내며
시인 호 경 숙

청자주병

초 판 인 쇄	2025년 02월 12일
초 판 발 행	2025년 02월 19일
지 은 이	호경숙
발 행 처	다담출판기획 TEL : 02)701-0680
	서울시 영등포구 영신로30길 14, 2층
편 집 인	박종규
등 록 일	2021년 9월 17일
등 록 번 호	제2021-000156호
I S B N	979-11-93838-35-8 03800
가 격	13,000원

본 책은 지은이의 지적재산이므로 무단전재와 복제를 금합니다.